R. 2993.
L.

23515

MANUEL
DES ÉPOUX,
OU
MAXIMES DE CONDUITE
DANS LE MARIAGE.

TRAITÉ DE PLUTARQUE,

Traduit par M***.

A LONDRES,
Et se trouve à PARIS,
Chez VALADE, Libraire, rue S. Jacques,
vis-à-vis celle des Mathurins.

M. DCC. LXXIV.

AVIS
DU TRADUCTEUR.

LE Traité de Plutarque sur les devoirs des époux, contient, comme tous les ouvrages de cet Auteur, des maximes très-sages. Les emblêmes, sous lesquels il les présente, y ajoutent de l'agrément. A la vérité quelques-uns de ces préceptes ont rapport à des mœurs qui ne subsistent plus; mais ceux-là même peuvent encore fournir des réflexions utiles, indépendamment du plaisir qu'on trouve à connoître les usages de l'antiquité.

Cette traduction a été faite à l'occasion du Mariage d'un ami. L'Auteur avoit conçu le projet hardi, &

AVIS DU TRADUCTEUR.

peut-être téméraire, de traduire toutes les œuvres morales de Plutarque, écrivain pour lequel il a une inclination particuliere, dont il estime le sens droit, dont il admire les vastes connoissances, dont il aime la maniere aisée, &, pour ainsi dire, la bonhommie. Il a renoncé à son dessein, quand il a vu que M. du Theil, de l'Académie des Belles-Lettres, avoit donné deux de ces Traités, traduits avec beaucoup d'élégance & d'exactitude, & qu'il se disposoit à en donner plusieurs autres. Cependant, comme ce morceau étoit déja fait, & qu'il pourra être utile, l'Auteur croit devoir l'offrir au Public.

MANUEL
DES ÉPOUX.

*PLUTARQUE A POLLIEN
ET A EURYDICE;*

Salut.

Renfermés dans la chambre nuptiale, la prêtresse de Cérès a attaché sur vous la loi (*a*) de nos peres. Après cette

---

(*a*) C'est-à-dire, apparemment la tablette sur laquelle la loi du mariage étoit écrite. J'avoue que je ne connois point d'autre Auteur qui parle de cette cérémonie. On pourroit la trouver singuliere & soupçonner qu'il faudroit lire δισμὸς, lien, au lieu de θεσμὸς, loi: mais toutes les éditions que j'ai pu consulter s'accordent à mettre θεσμὸς.

auguste cérémonie, je crois que ce sera une chose utile & conforme à l'esprit de la loi, que de vous adresser à tous deux, dans une espece de chant nuptial, des conseils qui vous aident à porter le joug de l'hyménée.

Les Musiciens ont entr'autres un air de flute, qu'on appelle Hippothoros, parce qu'on l'emploie pour exciter les chevaux à s'accoupler. La Philosophie, parmi les plus beaux sujets qu'elle traite, compte avec raison les devoirs du Mariage. C'est-là, pour ainsi dire, la symphonie dont elle accompagne l'union des nouveaux époux. Ses leçons forment leur caractère, & les rendent plus propres à s'accommo-

---

Au reste Cérès étant la déesse de l'agriculture, passoit pour l'inventrice des loix. Les Grecs lui donnoient le surnom de Θεσμοφορ⊙, législatrice, & nous voyons dans Virgile *Legiferæ Cereri*. Sa prêtresse pouvoit attacher la table de la loi sur la poitrine des nouveaux époux, soit pour les avertir de leurs devoirs, soit comme un gage de la protection que la loi assure aux mariages.

der l'un à l'autre. Vous êtes tous deux imbus de ses maximes. Je me contenterai donc de rassembler les plus essentielles, & de les accompagner de quelques courtes similitudes, qui aident à les retenir plus aisément. C'est un présent de noces que je vous fais à tous deux. Je prie les Muses de se joindre à Vénus & de les seconder en cette occasion. Pourroit-il être plus glorieux pour elles, d'accorder savamment une lyre ou une guitarre, que de faire servir les graces du discours, l'éloquence & la philosophie, à établir un accord parfait dans le Mariage, & dans le gouvernement d'une maison.

1. En effet, les Anciens plaçoient les statues de Mercure auprès de celles de Vénus, afin de montrer que le Mariage, pour être heureux, a un grand besoin du secours de l'éloquence. Ils y plaçoient encore *Pitho* (*a*) & les Grâces, pour faire entendre aux époux, qu'ils doivent obte-

---

(*a*) La Déesse de la persuasion.

nir ce qu'ils défirent l'un de l'autre, par la perfuafion & par des manieres agréables, au lieu d'avoir recours aux querelles & aux altercations opiniâtres.

2. Une loi de Solon ordonne que la nouvelle mariée, avant que d'entrer dans le lit nuptial, mangera du *coin* (*a*). Le Légiflateur a voulu lui apprendre par cet emblême, qu'il faut que fa bouche & fa voix offrent d'abord à fon époux, quelque chofe de gracieux, qui l'attire.

3. En Béotie, la nouvelle époufe porte fur fon voile, une couronne faite d'une plante nommée *Afpharagonia*, qui eft armée d'épines très-piquantes, mais qui produit un fruit extrêmement doux. L'époufe peut reffembler à cette plante : elle peut, au commencement, montrer dans fes manieres quelque chofe de rude & de choquant. Mais ne la fuyez pas, ne vous rebutez pas de ces premiers effais; vous

---

(*a*) Apparemment ce fruit, originaire de la Crete, paffoit pour rendre l'haleine plus agréable.

trouverez en elle une aimable compagne, qui fera la douceur de votre vie.

4. Un homme qui, dans les premiers temps de fon mariage, ne trouvant pas dans une jeune femme toute la complaifance qu'il défire, renonceroit à elle pour toujours, reffemble exactement à celui, qui laifferoit à d'autres le raifin mûr, parce qu'il auroit goûté l'apreté du verjus.

5. Bien des femmes font mauvais ménage avec leurs maris, parce qu'il y a eu quelque chofe qui leur a déplu au commencement de leur union. N'eft-ce pas-là fe priver du miel, après avoir fouffert la piqûre de l'abeille ?

6. Les époux doivent, fur-tout dans les commencemens, éviter avec foin les querelles & les offenfes. Nous voyons que les vafes formés de plufieurs pieces collées enfemble, quand ils font encore nouveaux, fe décollent au moindre effort : mais avec le temps leurs parties s'uniffent de maniere que le fer & le feu peuvent à peine les féparer.

7. La paille, le papier (*a*), le poil de lapin s'enflamment aisément : mais ce feu s'éteint bientôt, si on n'y joint pas un aliment plus solide. Ainsi l'amour ardent, qu'allume d'abord la beauté & la fraîcheur d'un coloris agréable, ne subsiste pas long-temps entre des époux. Il faut qu'établi sur le caractère, & tenant à l'ame, il jette de vives racines dans les cœurs.

8. Un pêcheur qui emploie des drogues empoisonnées, a bientôt pris du poisson; mais ce poisson est mauvais, & ne peut être mangé. De même ces femmes qui ont recours aux enchantemens (*b*), & qui font

---

(*a*) Le mot grec signifie littéralement les membranes minces qu'on tiroit d'une plante du genre des bouillons blancs : une espece de papier, dont on se servoit pour faire une mèche aux lampes.

(*b*) Les empoisonneuses, qui étoient très-communes dans ces temps-là, sous le nom de magiciennes, vendoient des breuvages d'amour. C'étoient de vrais poisons, qui dérangeoient le cerveau, & qui causoient quelquefois la mort. Quelques femmes étoient assez sottement crédules, pour en faire prendre de bonne foi à

prendre à leurs maris des philtres, des breuvages, peuvent bien se les assujettir par les voluptés; mais elles les abrutissent & se réduisent elles-mêmes à passer leur vie avec un homme dégradé, stupide & incapable de penser.

9. De quoi pouvoient servir à Circé (*a*) les hommes que ses breuvages avoient changés en ânes & en pourceaux ? En cet état elle n'en faisoit aucun usage. Mais Ulysse, qui avoit conservé sa raison, & qui agissoit avec elle en homme sensé, lui inspira le plus ardent amour.

10. Une femme, qui aime mieux maîtriser un mari stupide, que d'être gouvernée par un mari sensé, trouveroit apparemment plus agréable d'avoir à conduire un aveugle dans les rues, que d'y sui-

---

des maris qu'elles aimoient ; d'autres assez scélérates, pour les employer, quoiqu'elles en connussent l'effet. On vendoit aussi des breuvages de haine, pour ceux qui vouloient se délivrer d'un amour malheureux.

(*a*) Circé fameuse enchanteresse.

vre quelqu'un qui verroit clair, & qui sauroit bien le chemin.

11. On regarde comme incroyable, que Pasiphaë, qui avoit l'honneur d'être épouse d'un Roi, soit devenue amoureuse d'un taureau; tandis qu'on voit des femmes qui ne peuvent pas vivre avec des maris sages & bien réglés, & qui se livrent plus volontiers à des chiens ou à des boucs, c'est-à-dire, à de vils libertins perdus de débauches.

12. Ceux qui se sentent trop foibles, ou qui par mollesse ne veulent pas se donner la peine de sauter (*a*) sur leurs chevaux, dressent ces animaux à se baisser & à s'agenouiller pour eux. Ainsi font certains hommes, qui s'étant alliés à des femmes d'un état & d'une naissance distinguée, au lieu de s'élever eux-mêmes, rabaissent & dégradent leurs épouses, pour avoir sur elles la supériorité.

13. Or il faudroit savoir proportionner

(*a*) On n'avoit point alors l'usage des étriers.

le mors à la taille de son cheval, & l'usage de son autorité au mérite & à l'état de sa femme.

14. La lune est plus lumineuse & plus brillante, lorsqu'elle est éloignée du soleil; à mesure qu'elle s'en approche, elle s'obscurcit & disparoît. Dans le mariage ce doit être le contraire. Une femme vertueuse n'aime gueres à se montrer qu'avec son époux (*a*). En son absence elle garde la maison, & vit dans la retraite.

15. Hérodote a eu tort de dire que l'épouse, en se mettant au lit, quitte sa modestie avec ses vêtemens. Au contraire, une femme honnête, en ôtant ses habits, se revêt à leur place de sa pudeur ; & entre des époux, les marques de l'amour le plus tendre sont des témoignages de vertu (*b*).

―――――――――――

(*a*) Bon pour les femmes Grecques de ce temps-là : aujourd'hui, dans cette capitale, ce seroit presque une indécence parmi certaines gens, qu'une femme parût en public avec son mari. O mœurs !

(*b*) Ces dernieres lignes ont l'air d'un para-

16. Un accord formé de deux tons, prend son nom du ton le plus grave. De même dans une maison bien réglée, où tout se fait de concert entre les deux époux, tout paroît se faire sous l'autorité & sous la direction du mari.

17. Le Soleil gagna sa gageure contre Borée (*a*). Plus le vent souffloit avec violence, & faisoit d'efforts pour dépouiller le voyageur, plus cet homme s'appliquoit à serrer & à bien retenir son manteau; mais ensuite, le Soleil ayant fait sentir ses douces influences, l'homme recréé d'abord, & puis étouffant de chaud sous ses habits, ôta non-seulement le manteau, mais aussi la tunique. C'est par les

---

doxe; on est plutôt tenté de traduire : le respect qu'ils ont l'un pour l'autre est la plus sûre marque de leur amour; & c'est le sens qu'ont suivi Xilandre & Amiot. Je préfere l'autre sens malgré le paradoxe, parce qu'il me paroît plus conforme à la construction grammaticale de la phrase grecque.

(*a*) Allusion à la fable d'Esope. Cette fable a été imitée par la Fontaine.

mêmes moyens qu'il faut conduire la plupart des femmes. Quand leurs maris veulent leur arracher d'autorité le luxe & les vains ornemens, elles s'emportent & leur résistent : s'ils emploient la persuasion & les conseils sages, elles se rendent, & se réduisent elles-mêmes à ce que la raison demande.

18. Caton dans sa censure dégrada un Sénateur, pour avoir embrassé sa femme en présence de sa fille. La sentence étoit peut-être un peu trop sévere; mais s'il est indécent, comme il l'est en effet, que des époux s'embrassent, & se fassent des caresses devant les autres; comment ne seroit-il pas plus indécent encore qu'ils se querellassent, & se dissent des injures, en présence des étrangers? Le secret sera-t-il donc nécessaire, pour donner à sa femme des témoignages de son amitié ; & lorsqu'il s'agira de lui faire des leçons & des réprimandes, on pourra user de cette liberté au grand jour, & toutes les portes ouvertes?

19. Un miroir, quoiqu'enrichi d'une bordure toute brillante d'or & de pierres précieuses, n'est pourtant d'aucun service, s'il ne représente pas les objets tels qu'ils sont. De quoi sert pareillement d'avoir épousé une femme très-riche, si son caractère & sa maniere de vivre ne peuvent pas s'accorder avec les nôtres ?

20. Le miroir qui nous offriroit un visage triste, quand nous sommes dans la joie, & un visage riant, quand nous sommes fâchés & de mauvaise humeur, seroit défectueux & mauvais. Rien n'est plus déraisonnable aussi, ni plus déplacé, dans une femme, que de prendre un air chagrin, quand son mari cherche à s'amuser avec elle, ou veut la caresser; & de venir au contraire rire & folâtrer autour de lui, quand elle le voit sérieux & appliqué. Dans l'un il y a de la maussaderie, dans l'autre un manque d'égards.

21. Les Géometres disent que les lignes & les surfaces n'ont pas de mouvemens propres, & qui soient à elles,

mais

mais qu'elles suivent le mouvement des corps (*a*). La femme ne doit pas non plus avoir des goûts ni des mouvemens particuliers. Pour se livrer au sérieux, ou au badinage, au silence méditatif ou au rire éclatant, qu'elle se laisse déterminer par les dispositions actuelles du mari.

22. Ceux qui n'aiment pas que leurs femmes boivent & mangent avec eux, leur font prendre l'habitude de se bourrer de viandes, seules dans leur Gynecée (*b*). De même ceux qui sont toujours

---

(*a*) Les Grecs imaginoient, par abstraction, des lignes & des surfaces, qui ne sont rien; & puis Plutarque en vient faire l'application aux femmes, qui sont des êtres bien réels. Les Dames goûteront peu cette géométrie abstraite. Elles diront qu'elles peuvent & doivent avoir des mouvemens à elles; & cela est vrai. Si elles n'étoient que des automates ou des miroirs, nous n'aurions pour elles ni amour ni estime. Les expressions trop fortes de Plutarque, réduites à leur juste valeur, signifient qu'une femme, qui veut plaire à son mari, se conforme à ses goûts, & sur-tout évite de le choquer par une contrariété affectée.

(*b*) Des François, qui ne connoîtroient que

B

sérieux avec leurs femmes, qui ne savent jamais ni rire ni jouer avec elles, leur apprennent à se chercher des plaisirs à part.

23. L'usage des Rois de Perse est que leurs épouses legitimes soient assises auprès d'eux, dans leurs repas, & mangent à la même table ; mais lorsqu'il prend fantaisie au Roi de se livrer au vin & à la volupté, il congédie les Reines, & fait venir ses concubines & ses chanteuses ; conduite fort prudente, en ce qu'il évite de faire partager à ses épouses ses débauches & son ivrognerie. Si donc quelque particulier, aussi incapable que ces monarques de réprimer ses passions, appelle dans la débauche quelque courtisane (*a*), ou quel-

---

les usages de leur pays, seroient surpris de ce langage. En Grece les femmes avoient des appartemens séparés. La partie de la maison, où elles logeoint, s'appelloit le Gynecée. Elles ne paroissoient gueres dans les repas où il y avoit des étrangers.

Plutarque blâme ici ceux qui ne les admettoient pas volontiers à leurs tables, même quand ils étoient seuls.

(*a*) Le métier de ces femmes-là ne parois-

qu'une de ses esclaves, sa femme, au lieu de s'en indigner, au lieu d'entrer en fureur, feroit bien de se dire à elle-même : c'est par égard pour moi, que mon mari s'est adressé à d'autres : il auroit cru m'outrager en me rendant complice de ses excès (*a*).

---

soit pas aussi vil aux yeux des Grecs, qu'il doit le paroître parmi nous. Dans la plupart des cérémonies de religion, il falloit des chanteuses, des danseuses. Or les courtisanes étoient presque les seules femmes de la Grece, qui osassent cultiver les arts agréables. Leurs talens diminuoient l'infamie de leur conduite.

(*a*) Avec la permission de Plutarque, cette morale a grand besoin de correctif. Il est vrai qu'à la cour des Rois de Perse, où la pluralité des femmes étoit autorisée, & établie de temps immémorial, les Reines pouvoient raisonner ainsi. Encore, malgré la force de la coutume, n'est-il pas trop sûr qu'elles en fussent toujours aussi contentes, que l'Auteur le demande. Mais dans les pays où un homme s'engage tout entier à une seule femme, par les sermens les plus sacrés, je ne crois pas qu'on puisse contester à cette femme le droit de reclamer une foi si solemnellement jurée. On dira peut-être que Plutarque ne dit pas le contraire, & qu'il exhorte seulement la femme à ne

24. Selon qu'un roi aime la musique, les lettres ou les exercices du corps, un grand nombre de ses sujets deviennent musiciens, gens de lettres ou athletes. Et selon qu'un mari aime le luxe, les voluptés ou la vertu, il rend sa femme ou passionnée pour les parures, ou déréglée & lascive, ou au contraire, sage & modérée.

---

pas user de ce droit. J'en conviens, mais la tranquillité, bien plus les sentimens de reconnoissance, qu'il conseille ici aux femmes, pourroient, contre son intention, diminuer les scrupules de certains maris. Il est des cas, sans doute, où une femme sensée fait très-bien de fermer les yeux sur quelques fautes de ce genre; mais cela ne doit pas aller jusqu'à y être indifférente, ou même à s'en féliciter. C'est un principe certain, qu'une femme vertueuse est obligée de faire de son mieux, pour empêcher les infidélités de son mari. Sa patience sur ce point n'est louable, qu'autant qu'elle est un moyen de le ramener à elle : & il faut avouer que c'est souvent le moyen le plus sûr. Au reste, les maris pour qui cet endroit-ci de Plutarque pourroit être dangereux, en trouveront le contrepoison dans une autre maxime très-sensée. Nº. 62.

25. Quelqu'un demandoit à une Lacédémonienne nouvellement mariée, si elle s'étoit déja approchée de son mari. Non, dit-elle : c'est mon mari qui s'est approché de moi. Or voilà, je pense, la maxime que doit suivre une honnête femme. Elle ne doit ni rechercher son mari la premiere, ni le fuir, ou l'éloigner par sa mauvaise humeur, lorsqu'il vient à elle. L'un supposeroit le front d'une fille publique, l'autre un dedain odieux & un défaut de tendresse.

26. Il ne faut pas sans doute, que la femme ait des amis particuliers ; ses amis doivent être ceux de son époux. Or les premiers amis, ceux dont le choix importe davantage, ce sont les Dieux de la famille. Ainsi les Dieux que le mari croit devoir honorer, sont les seuls qu'il convient à la femme de connoître (*a*). Quelle

---

(*a*) On reconnoît dans ce langage la maniere dont les Anciens pensoient de leurs Dieux. La religion n'étoit pour eux qu'une affaire d'é-

ferme absolument l'accès aux vaines orgies & aux superstitions étrangeres. Il n'est pas possible qu'aucun des Dieux se plaise à voir une femme lui faire à la dérobée & à l'insçu de son mari, des sacrifices ténébreux.

27. Platon dit que la cité la plus heureuse est celle où on entend le moins retentir les mots de MIEN & de TIEN ; parce que c'est une preuve que les choses les plus utiles y sont, autant qu'il est possible, communes entre les citoyens. Ces mots-là doivent encore bien plus être bannis du mariage.

---

conomie publique ou particuliere. Il faut avouer que bien des femmes avoient la foiblesse de se laisser gouverner par une foule de prétendus enchanteurs ou d'astrologues, par des prêtres de Bacchus, de Cybele, d'Isis, de Mithras, qui ne vivoient que des superstitions, dont ils avoient l'art de les remplir. Sous ce point de vue la maxime de Plutarque est très-sage. Mais peut-être confondoit-il avec ces extravagantes superstitions, la Religion Chrétienne, qui commençoit alors à s'étendre, & qu'il avoit le malheur de ne pas bien connoître.

28. Il faut même que comme, selon les médecins, les coups donnés sur le côté gauche, produisent leur sensation sur le côté droit, ainsi la femme ressente plus vivement ce qui affecte son mari, & le mari ce qui affecte sa femme; afin que leur union s'affermisse de plus en plus par cette correspondance mutuelle de sensibilité, comme les liens tirent leur force de l'entrelacement des cordons qui les composent.

29. Si la nature a établi la nécessité de l'union des deux sexes pour produire, c'est afin que, confondant ensemble ce que chacun auroit fourni, le produit qui en résulteroit fût commun à tous deux, & qu'aucun ne pût distinguer ou déterminer ce qui est à lui, ce qui est à l'autre. Or il en doit être des biens des époux comme de leurs enfans. Il faut que tout soit versé, mêlé, confondu dans une seule masse, où l'on ne distingue plus sa part & la part de l'autre; mais où le tout soit

la part de chacun, sans qu'il y ait rien d'étranger à aucun des deux.

30. Un mélange de vin & d'eau, même quand l'eau y domine, s'appelle du vin. Ainsi la maison des époux doit s'appeller la maison du mari, leur bien le bien du mari, quand même la femme en auroit apporté la plus grande partie.

31. Hélene aimoit les richesses, Pâris les voluptés : au contraire, Ulysse étoit prudent, Pénélope sage & honnête. Aussi l'union des derniers fut heureuse, & tout le monde envie leur sort : celle des premiers accabla les Grecs & les Barbares d'un déluge de maux.

32. Ce Romain, que ses amis blâmoient d'avoir répudié une femme aussi riche, aussi sage qu'étoit la sienne, & dans la fleur de la jeunesse & de la beauté, se contenta d'avancer son pied, & de leur dire : regardez cette chaussure ; elle est belle aussi, & elle est toute neuve ; mais personne ne sait où elle me blesse.

il faut donc qu'une femme mette sa confiance, non pas en ses richesses, non pas en sa naissance, ni en sa beauté, mais dans les choses qui lui assurent le mieux le cœur de son mari; c'est-à-dire dans la complaisance & dans la facilité de caractere, qui est d'un usage journalier. C'est-là qu'il est essentiel de ne laisser rien de rude, rien de gênant, & que tout doit être au contraire aisé, doux, agréable.

33. Car de même que les médecins regardent les fievres occasionnées par un grand nombre de petites causes inconnues, qui se succedent peu à peu les unes aux autres, comme plus dangereuses que celles dont les causes sont grandes & évidentes; ainsi ce sont les petits mécontentemens journaliers, renouvellés sans cesse, mais que le public n'apperçoit pas, qui sont les plus funestes à l'union conjugale.

34. Le Roi Philippe (*a*) aimoit une

(*a*) Roi de Macédoine, pere d'Alexandre le Grand. Olympias étoit son épouse.

Thessalienne avec tant de passion, qu'on prétendoit qu'elle l'avoit ensorcelé (*a*). Cela détermina la reine Olympias à faire ensorte d'avoir cette femme en sa puissance. Quand on la lui eut amenée, & qu'Olympias eut reconnu par elle-même que cette Thessalienne, à la figure la plus agréable joignoit une conversation noble, pleine d'esprit & de jugement, elle s'écria : loin d'ici la calomnie. Les charmes qui ont ensorcelé le roi, sont ceux que vous avez en vous-même. Qui pourroit donc détruire un enchantement aussi puissant que celui qui nous attache à une épouse légitime, lorsque tirant tous ses avantages d'elle-même, elle trouve dans son ame sa dot, sa naissance, ses philtres, le ceste (*b*) même de Venus,

---

(*a*) Les femmes de Thessalie passoient pour de grandes Magiciennes.

(*b*) Agréable fiction d'Homere. Le ceste de Vénus est une ceinture, ou plutôt un voile enchanteur, où sont rassemblés les attraits les plus séduisans, & qui attire tous les cœurs à celle qui le porte.

& s'attache à captiver le cœur de son époux par sa vertu & par la douceur de son caractere.

35. La même Olympias apprenant qu'un jeune homme de la cour venoit d'épouser une femme fort belle, mais qui n'avoit pas trop bonne réputation, dit: voilà un homme qui n'a gueres de jugement, puisqu'il ne consulte que ses yeux pour se marier. C'est une sottise de prendre une femme par le conseil de ses yeux; c'en est une aussi de la prendre par le conseil de ses doigts, comme font quelques hommes, qui supputent le nombre des écus qu'une femme apporte, & n'examinent pas s'il sera possible de vivre avec elle.

36. Socrate veut que les jeunes-gens, qui se regardent dans un miroir, s'ils sont laids, songent à racheter ce défaut par leur mérite; & s'ils sont beaux, craignent de ternir par leurs vices le présent que la nature leur a fait. Femmes, prenez pour vous cette leçon. Quand vous serez devant vos miroirs, celles qui ne seront pas

contentes de leur figure, doivent se dire: que deviendrois-je si je n'avois pas de vertu ? Et les belles : que sera-ce, si la vertu se joint aux agrémens du visage ? Et en vérité, il est plus glorieux à une femme qui n'est pas belle, de se faire aimer par son caractère, que si elle devoit cet amour aux charmes de sa beauté.

37. Un tyran de Sicile avoit envoyé à Lysandre (*a*), pour ses filles, de belles étoffes & des bijoux précieux. Lysandre les refusa, & dit : ces prétendus ornemens dépareroient mes filles au lieu de les embellir. Sophocle avoit déja dit avant Lysandre : *Malheureux, ce ne sont pas-là des ornemens ; ce sont les témoins de tes vices & de ta folie.* En effet, dit Cratès, les ornemens sont ce qui peut orner (*b*).

(*a*) Un des plus grands généraux que les Lacédémoniens aient eu ; celui qui abattit la puissance des Athéniens, rasa les murs de leur ville, & les soumit à la domination des trente tyrans.

(*b*) Il y a un jeu de mots dans le texte. Κόσμος,

Orner une femme, c'est la rendre plus aimable : or, c'est ce que ne feront point ni l'or, ni la pourpre, ni les émeraudes. Elle se rend aimable en prenant pour parure les vertus de son sexe, la décence, l'amour de l'ordre, la pudeur.

38. Ceux qui font un sacrifice à Junon Gamelia (*a*), se gardent bien d'offrir le fiel, avec le reste de la victime : ils l'arrachent & le jettent au pied de l'autel. L'Auteur de cette cérémonie a voulu faire entendre qu'il ne faut ni aigreur, ni fiel, dans le mariage. En effet, la sagesse même d'une mere de famille, doit avoir tout au plus une légere teinte d'austérité (*b*); mais d'une austérité agréable &

qui signifie les ornemens, les bijoux, la toilette d'une femme, signifie aussi l'ordre, l'arrangement; & κόσμιος, qui en dérive, ne signifie pas seulement orné, mais réglé, honnête, vertueux. Il seroit difficile de rendre en françois l'usage que Plutarque fait de ces différentes acceptions.

(*a*) Junon Gamelia, ou nuptiale, Déesse qui présidoit aux mariages.

(*b*) Le mot d'austérité, n'est peut-être pas

salutaire, comme celle de certains vins, & non pas une amertume semblable à celle de l'aloës, ou un goût révoltant comme celui des médecines.

39. Xénocrate (*a*) étoit vertueux & sage : mais comme il avoit un peu trop de rudesse dans le caractère, Platon l'exhortoit à sacrifier aux Grâces. Or je crois que c'est sur-tout à une femme vertueuse que convient ce conseil. Elle a besoin du secours des Grâces pour rendre son mari heureux, comme disoit Metrodore, & pour ne point mettre à un trop haut prix le mérite de sa vertu.

40. L'économie ne doit pas exclure la propreté ; & la sagesse ne dispense pas une

---

encore assez usité dans ce sens. Je prie qu'on me le pardonne. Je n'en connois point d'autre qui puisse rendre le mot αυστηρὸν des Grecs.

(*a*) Xénocrate, disciple de Platon, étoit le plus austere & le plus sauvage des Philosophes. La sévérité de ses mœurs piqua la fameuse Phryné. Elle se fit un point d'honneur de le vaincre, & ne put y réussir. J'aimerois autant, dit-elle, avoir affaire à une statue.

femme d'être careſſante. Une économie ſordide nous choqueroit; une humeur bourrue nous feroit haïr la ſageſſe même.

41. Celle qui craindroit qu'on ne la taxât de hardieſſe & d'effronterie, ſi elle ſourioit à ſon mari, ou ſi elle lui faiſoit bonne mine, fait préciſément comme ſi elle n'oſoit pas mettre de l'huile ſur ſes cheveux (a), de peur qu'on ne la ſoupçonnât de ſe parfumer (b); & comme ſi elle ne vouloit pas même ſe laver le viſage, de peur qu'on ne l'accuſât de ſe farder (c).

───────────────

(a) C'étoit l'uſage alors.

(b) Se parfumer, étoit un luxe réſervé aux courtiſanes chez les Grecs de ce tems-là. Les Romains étoient moins ſcrupuleux, ils ſe parfumoient au moins dans les grands feſtins.

(c) Se farder! ah, quelle infamie, dans la Grece, pour une femme mariée! Chez nous il n'en eſt pas de même. Mais j'ai tort : le mot de fard n'eſt plus du tout à la mode; on ne ſe farde point, on met ſeulement du rouge, & quelquefois du blanc, & tant ſoit peu de bleu pour marquer les veines, & du noir ſur les

42. Nous voyons que ceux des Poëtes & des Orateurs, qui croiroient s'avilir, s'ils cherchoient à gagner les suffrages de la multitude, en affectant un style & des ornemens conformes à son goût (*a*), s'attachent du moins à plaire & à émouvoir par le fond des choses, par une disposition adroite, par la bonté des mœurs & des sentimens. A leur exemple, une femme sensée fera fort bien d'éviter & de rejetter tous ces ornemens superflus, tout ce vain étalage fait pour les spectacles, & qui ne convient qu'aux femmes publiques; mais de s'appliquer avec plus de soin à se faire aimer de son mari, par sa bonne conduite, & par les charmes de son carac-

---

sourcils; le tout pour être comme les autres.

L'agréable rouge, que celui de ces belles Grecques, si douces, si modestes, qui puisoient leur fard dans une claire fontaine!

(*a*) Peut-être quelqu'un voudra-t-il donner un autre sens à cet endroit. J'ai préféré celui qui m'a paru s'accorder le mieux avec la suite, & qui d'ailleurs est conforme aux expressions.

tère; en un mot de le gagner en rendant sa sagesse aimable.

43. Cependant si l'austérité d'une femme n'est tempérée par aucune grace, & que la nature l'ait faite ainsi, il faut que son mari s'accommode à ce caractere. Phocion (*a*) pressé par Antipater de faire en sa faveur quelque chose qui n'étoit pas honnête, lui répondit : Je ne puis pas être tout à la fois votre ami & votre flatteur. Il faut de même que le mari d'une femme sage & austere se dise : Je ne puis pas trouver dans la même personne la vertu d'une épouse, & les manieres flatteuses d'une courtisane.

44. C'étoit un ancien usage en Egypte, que les femmes ne mettoient point de souliers; pour leur faire comprendre qu'u-

___

(*a*) Phocion étoit un des plus grands hommes d'Athenes, & des plus vertueux. Il fut à la tête du gouvernement, & vécut pauvre. Philippe & Alexandre firent de vains efforts pour le gagner.
Antipater étoit un des généraux d'Alexandre.

ne femme doit rester dans la maison. Parmi nous, la plupart des femmes n'en voudroient pas sortir en effet, si elles n'avoient pas des chaussures dorées, des bracelets, des jarretieres (*a*) d'or, de la pourpre, des diamans.

45. Un jour la savante Theano, en mettant une tunique, découvrit son bras jusqu'au coude. Ah ! le beau bras, s'écria quelqu'un. S'il est beau, dit Theano, c'est ce que le Public ne doit pas savoir (*b*). Une femme vertueuse ne se fera pas moins

---

(*a*) Je me sers de ce mot, faute d'en avoir un qui réponde à περισκελις. C'étoit un ornement, une bande, que les femmes attachoient à peu près à mi-jambe.

(*b*) Aujourd'hui les femmes les plus sages, ne couvrent gueres leurs bras, que pour les garantir du froid, ou pour empêcher que le hâle n'en ternisse la blancheur. Elles ne songent pas même à en dérober la vue aux yeux des hommes. Je crois qu'en ce point il est permis de suivre l'usage général. Et la gorge ? c'est autre chose. Plutarque ne s'avise pas d'en parler, parceque les Dames d'alors ne s'avisoient pas de la découvrir. Aujourd'hui même on remarque celles qui le font.

de scrupule de laisser tout le monde jouir de sa conversation (*a*). C'est une espece de nudité, qu'elle doit éviter avec autant de soin que celle du bras, persuadée qu'elle ne peut parler à des étrangers, sans leur découvrir ses sentimens, ses mœurs, & ses dispositions les plus secrettes.

46. La Vénus que Phidias a faite pour les Eliens, a le pied sur une tortue. C'est un symbole qui apprend aux femmes à être sédentaires, & à garder le silence (*b*). Elles ne doivent parler qu'à leurs maris, ou par l'entremise de leurs maris. Et qu'elles ne se fassent pas une peine d'être comme les joueurs de flute, dont la voix prend un ton plus fort, en passant par un organe différent du leur.

(*a*) Voilà une morale bien rigide. Plutarque ne savoit pas qu'il viendroit un temps, où les visites seroient, après la toilette, la principale occupation des Dames, & où la toilette même n'excluroit pas les visites.

(*b*) La tortue est muette, & ne quitte jamais sa maison.

47. Quand les Rois & les Grands rendent des honneurs à des Philosophes, ils honorent les Philosophes, & s'honorent eux-mêmes. Mais quand les Philosophes font leur cour aux Grands, ils s'avilissent eux-mêmes, sans rien ajouter à la gloire de leurs patrons. Dites la même chose des femmes. Celles qui témoignent du respect pour leurs maris, s'honorent elles-mêmes; mais quand elles veulent les maîtriser, elles se deshonorent encore plus que leurs maris.

48. L'autorité d'un mari sur sa femme, n'est pas celle d'un maître sur ce qui lui appartient. Il doit la gouverner comme l'ame gouverne le corps, qu'elle aime, auquel elle est unie, & dont elle ressent tous les mouvemens. Mais de même que l'ame peut veiller au bien du corps, sans s'asservir à ses desirs & à ses voluptés; de même le mari en cherchant à plaire à sa femme, en lui accordant ce qui est raisonnable, doit pourtant conserver toujours le gouvernement.

49. Les Philosophes distinguent des corps, dont les parties sont séparées, comme une flotte, une armée; d'autres dont les parties sont jointes & attachées ensemble, comme une maison, un vaisseau; d'autres enfin dont les parties sont unies naturellement, & nées les unes avec les autres, comme un animal. On pourroit dire que les mariages fondés sur un amour mutuel, sont des unions de cette derniere espece; que ceux où on n'a en vue que l'intérêt ou la naissance des enfans, sont de la seconde; enfin que ceux où on ne cherche que les plaisirs sensuels, sont de la premiere. Et ceux-ci mériteroient plutôt le nom de concubinage que celui de mariage.

50. Comme l'union de deux liqueurs se fait, selon les Physiciens, par toutes les parties de l'une & de l'autre; ainsi le mariage doit unir & confondre ensemble tout ce qui appartient aux époux, leurs corps, leurs biens, leurs amis, leurs parens.

51. En effet, quand l'Auteur des Loix

Romaines a décidé qu'aucun des époux ne pourroit faire de donation à l'autre, ce n'est pas pour les empêcher d'avoir rien de commun ; c'est, au contraire, afin qu'ils n'ayent rien qui ne soit commun.

52. A Leptis, ville de Libye, c'est l'usage que le lendemain des noces, la nouvelle mariée envoie demander une marmite à la mere de son époux, & que celle-ci la refuse, & répond qu'elle n'en a point. On veut que la bru accoutumée ainsi dès le commencement à trouver dans sa belle-mere des dispositions de marâtre, soit moins sensible dans la suite aux duretés qu'elle en pourra éprouver. Une belle-mere est naturellement jalouse de ce que sa bru partage avec elle la tendresse de son fils. Il est bon que la nouvelle épouse en soit instruite, pour prévenir avec soin toutes les occasions de réveiller cette jalousie. Le seul moyen d'y réussir, est de travailler à se faire aimer de son mari, sans détruire, ni même affoiblir, la tendresse qu'il doit à sa mere.

53. Il semble que les meres aiment mieux leurs enfans mâles, dont elles espérent plus de secours, & les peres leurs filles, dont la foiblesse demande une protection plus particuliere. Peut-être aussi est-ce par un égard mutuel, que chacun des époux affecte de préférer & de caresser davantage ce qui ressemble à l'autre.

Au reste, cette remarque souffre des exceptions. Mais ce qui est indubitablement très-sage, c'est que la femme doit s'attacher à montrer plus de considération pour les parens de son mari, que pour les siens propres ; & que si quelque chose lui fait de la peine, c'est à eux qu'elle doit porter ses plaintes, tandis qu'elle en dérobera la connoissance aux siens. Car la confiance attire la confiance, & l'amour se paye par l'amour.

54. Les Généraux des Grecs qui servoient sous Cyrus, recommanderent à leurs soldats, que si l'ennemi fondoit sur eux à grands cris, ils le reçussent en si-

lence; que si au contraire l'ennemi ne crioit point, ils courussent à lui en poussant les cris accoutumés. Dans les querelles qui surviennent quelquefois entre les époux, une femme sensée reste en silence, quand elle voit son mari dans l'emportement; mais lorsqu'il ne dit plus rien, alors elle lui parle, lui fait ses représentations & l'adoucit.

55. Euripide a raison de blâmer ceux qui font jouer de la lyre dans les festins. En effet, il vaudroit mieux employer les charmes de la musique à soulager la douleur, à appaiser la colere, qu'à achever d'amollir ceux qui sont déja dans les plaisirs. Vous pouvez sur le même principe blâmer les époux qui n'ont qu'un même lit quand ils sont en bonne intelligence, & qui font lit à part, dès qu'il survient quelque querelle ou quelque mécontentement. Au contraire, il faudroit alors plus que jamais avoir recours à Vénus, comme à la Déesse la plus capable de remédier à ces maux. Et c'est ce que le Poète nous enseigne

enseigne en certain endroit où il fait dire par Junon : *Je veux terminer leurs longues querelles, & cimenter leur paix par les plaisirs de l'hymen.* (Hom. Il. l. 14.)

56. Le mari & la femme doivent, sans doute, éviter en tous lieux les querelles & les offenses, mais sur-tout dans le lit nuptial. On conte qu'une femme en travail, dit à ceux qui vouloient la faire coucher : eh comment voulez-vous que le lit guérisse un mal, dont il est la source ? c'est un mauvais raisonnement. Mais pour les disputes, les tracasseries, les querelles, qui naissent dans le lit, est-il quelqu'autre lieu plus favorable à la concorde, où l'on puisse espérer de les terminer ? *

57. On approuve comme une pensée vraie ce que dit Hermione : *Les visites des méchantes femmes m'ont perdue.* Cependant ces visites ne sont pas funestes par

---

* Illic depositis habitat Concordia telis :
    Illo, crede mihi, Gratia nata loco est.
                                    Ovid.

D

elles-mêmes. Elles le deviennent, lorsque la discorde & la jalousie font ouvrir à de telles femmes, non-seulement l'entrée de la maison, mais aussi celle du cœur. Une femme sensée doit donc alors fermer avec plus de soin l'oreille aux caquets, pour ne pas ajouter feu sur feu. Elle aura toujours devant les yeux une réponse très-sage de Philippe. Quelques courtisans vouloient l'animer contre les Grecs, qui disoient du mal de lui, quoiqu'il les eût comblés de bienfaits. Que ne diront-ils donc pas, répartit ce Prince, si nous leur faisons du mal? Ainsi lorsque ces esprits brouillons viendront dire à une femme : est-il possible que votre mari traite si mal une personne aussi sage, & qui a tant de tendresse pour lui ; elle répondra : que seroit-ce donc si j'allois l'outrager, & lui montrer de la haine?

58. Un esclave avoit pris la fuite. Longtemps après son maître l'apperçut, & se mit à le poursuivre. L'esclave se réfugia dans un moulin. Ah! dit le maître, il n'y

a point d'endroit où j'aime mieux te trouver que là (*a*).

Cette histoire peut fournir à une femme des réflexions très-utiles. Lorsque livrée à la jalousie, elle commence déja à écrire l'acte de son divorce, qu'au milieu de son chagrin, elle se dise à elle-même: quel plaisir je vais faire à ma rivale ! Pourroit-il être un spectacle plus agréable à ses yeux, que de me voir ainsi mé désoler rompre avec mon époux, & abandonner pour jamais sa maison & son lit !

59. Les Athéniens ont établi trois fêtes en l'honneur des travaux qui rendent les champs fertiles : l'une se célebre à Sciros, où le premier blé fut jetté en terre; la seconde à Raria, & la troisieme sous les murs de la ville, dans un lieu nommé

___

(*a*) Quand on vouloit châtier rigoureusement un esclave, on le condamnoit au moulin. Ces malheureux y étoient enchaînés, mal nourris, presque point vêtus; & du matin au soir on les obligeoit à force de coups, à tourner la meule. La plupart étoient marqués sur le front d'un fer chaud.

Bouzygion. La fécondité du mariage, où la moisson qu'on recueille est la naissance des enfans, est encore plus sacrée.

60. Sophocle a bien raison d'appeller Vénus la fertile Cytherée. Époux, n'implorez donc ses faveurs, que pour obtenir une heureuse fécondité. N'allez pas chercher avec des personnes étrangeres, des unions profanes, illégitimes. Ne semez pas dans un champ, où vous ne désirez de recueillir aucun fruit; & où, s'il en naît quelques-uns, vous cachez avec soin ces fruits qui vous deshonorent.

61. L'orateur Gorgias venoit de débiter aux Grecs assemblés à Olympie, un beau discours pour les exhorter à la concorde. Comment, dit Melanthus, cet homme-là s'avise de nous prêcher la paix, & il n'a pas encore pu la persuader à son petit ménage, qui n'est composé que de lui, de sa femme & de sa servante! On croyoit que Gorgias aimoit cette servante, & que sa femme en étoit jalouse. Assurément il faut qu'un homme commence

par bien régler sa propre maison, pour entreprendre d'accommoder ensemble ses concitoyens & ses amis. Si la discorde y regne, c'est toujours à lui qu'on l'attribue. Les torts que peut avoir la femme, ne parviennent gueres à la connoissance du public; ceux du mari sont bientôt connus de tout le monde.

62. On dit que l'odeur des parfums donne des convulsions aux chats, & les fait entrer en fureur (*a*). Si elle produisoit le même effet sur les femmes, quel seroit le barbare qui ne renonceroit pas à l'usage des parfums, & qui, pour goûter un plaisir frivole, verroit tranquillement sa femme éprouver de tels maux? Eh bien les femmes tombent dans l'état le plus fâcheux, non pas quand leurs maris se parfument, mais quand ils prennent des maîtresses. Il est bien injuste de jetter une épouse dans un trouble si af-

---

(*b*) Je ne sais pas si cette opinion a quelque fondement.

freux, dans des chagrins si cruels, pour se procurer une foible volupté; & de ne pas avoir pour elle le même égard qu'on a pour les abeilles, dont on ne s'approche pas quand on vient de voir une femme, parcequ'on croit que cela leur déplaît & les met en courroux.

63. Comme les étoffes brillantes irritent les éléphans, & que les habits rouges mettent les taureaux en furie, on évite de prendre de telles couleurs, lorsqu'on veut approcher de ces animaux. On dit aussi que les tigres, quand on bat le tambour autour d'eux, tombent dans les accès de la rage la plus violente, & se déchirent eux-mêmes. O femmes, puisqu'il y a des hommes, qui ne peuvent voir qu'avec douleur vos habits d'écarlate & de pourpre, d'autres qui n'entendent point sans indignation le son des cymbales (a) & des

---

(a) Je ne vois pas que les femmes d'aujourd'hui fassent si grand cas de ces sortes d'instrumens. Mais parmi celles de ce temps-là, quel-

tambours, vous seroit-il donc si difficile d'y renoncer? Ne vaut-il pas bien mieux vivre en bonne intelligence avec vos maris, que de les chagriner, de les irriter pour de pareilles choses?

64. Une femme que Philippe enlevoit malgré sa résistance, lui dit enfin: laissez-moi, je vous en conjure. Quand la lumiere est éteinte, toutes les femmes sont la même femme. Ce raisonnement est fort bon à faire aux adulteres & aux libertins. Mais dans l'union conjugale, c'est sur-tout lorsque la lumiere est éteinte, qu'une épouse vertueuse n'est pas simplement une femme, & que le mari qui ne voit plus son corps, doit voir à la place sa sagesse, sa décence, sa tendresse & la préférence

---

ques-unes étoient folles des tambours & des cymbales; & peut-être aussi un peu des prêtres de Bellone & de Cybele, qui les portoient. Je crois qu'il y avoit dans ce goût plus de superstition que de débauche. On sait que les prêtres de Cybele étoient eunuques. Ceux de Bellone ne l'étoient pas, & cependant ils déplaisoient moins aux maris.

qu'elle lui donne fur tous les autres hommes.

65. Platon exhortoit avec un foin particulier les vieillards à refpecter la préfence des jeunes gens, afin que ceux-ci les refpectaffent à leur tour. Car, difoit-il, par-tout où les vieillards n'ont point de réferve, là les jeunes-gens n'ont ni pudeur ni retenue. Maris, fouvenez-vous de cette maxime. Ayez encore plus de décence avec vos femmes, qu'avec qui que ce foit. Songez que le lit conjugal fera pour elles une école ou de vertu ou de libertinage.

66. Prétendre détourner fa femme des voluptés qu'on fe permet à foi-même, ce feroit vouloir l'engager à foutenir conftamment la guerre, contre des ennemis, auxquels on fe feroit rendu.

67. Quant au goût de la parure, vous, Eurydice, lifez ce que Timoxene (a)

(a) Ce Traité de Timoxene, qui ne feroit pas inutile aujourd'hui, puifque Plutarque en con-
écrivit

écrivit sur ce sujet à Aristylle, & retenez-le bien. Et vous, Pollien, ne croyez pas que votre femme puisse renoncer au luxe & aux superfluités dans sa parure, si elle voit que vous n'y renoncez pas vous-même dans les autres objets; que vous chargez vos vases de dorure, que vous revêtez vos petits appartemens de tableaux recherchés, que vous couvrez vos mulets & vos chevaux de harnois (*a*) magnifiques. Non, il n'est pas possible de bannir le luxe du Gynecée, s'il regne avec éclat dans l'Andronite (*b*).

68. Vous voilà dans l'âge le plus propre à l'étude de la Philosophie. Recherchez & fréquentez les hommes qui vous seront véritablement utiles, ceux qui orneront votre ame de ces sublimes con-

___

seilloit la lecture aux femmes de son temps, est malheureusement perdu.

(*a*) Περιδεῤῥαιοις signifie littéralement des ornemens de cou.

(*b*) Andronite ou Andron, les appartemens des hommes; comme Gynecée, ou Gyneconite, ceux des femmes.

E

noissances, de ces leçons préparées avec tant de soin, & quand vous aurez rassemblé de toutes parts, à la façon des abeilles, ce qu'il y a de meilleur, apportez à votre femme le trésor dont vous vous serez enrichi. Qu'elle apprenne dans vos conversations, à connoître, à aimer les plus importantes leçons de la Sagesse : « *Vous êtes tout pour elle, & son pere, & sa mere & son frere* ». (Hom. Il. 6.) Ce sentiment nous charme dans la bouche d'Andromaque; mais il ne seroit pas moins beau d'entendre dire à une femme : cher époux, vous êtes mon guide, mon philosophe, mon maître des sciences les plus belles & les plus divines.

69. Le premier fruit de ces connoissances est de détourner l'esprit des femmes de bien des folies. Une femme qui sait la géométrie auroit honte d'aller au bal (*a*). Ne craignez pas qu'elle ajoute foi

---

(*a*) Danser étoit une chose honteuse dans ces tems-là, & plus encore chez les Romains que chez les Grecs. Cependant par une de ces in-

à la vertu des chants magiques, quand une fois elle aura goûté les discours enchanteurs des Platons & des Xenophons. Si quelque prétendue sorciere vient lui offrir de faire descendre la Lune du Ciel, notre Philosophe qui a quelques principes d'astronomie, rira de l'ignorance & de la sottise de celles qui ont la bonté de croire ces absurdités. Elle n'ignore pas l'histoire d'Aganice, fille d'Hégétor le Thessalien, qui, connoissant les pleines Lunes propres aux éclipses (a), & ayant

---

conséquences ordinaires à l'esprit humain, la danse étoit consacrée par leur religion : & il y avoit des cérémonies où les Dames du premier rang, où l'épouse même de Caton, traversoient en dansant la place publique. Hors de là c'eût été un crime énorme.

(a) Les éclipses de Lune ne peuvent arriver que dans le temps des pleines Lunes, puisqu'il faut que la terre soit directement entre le Soleil & la Lune, pour pouvoir jetter son ombre sur elle. Il y a apparence que les premiers Astronomes ne prédisoient gueres les éclipses que par routine. Elles reviennent assez exactement dans les mêmes pleines Lunes tous les dix-neuf ans. Il suffisoit à cette Aganice, fille d'Hégétor, qui sûrement étoit vieille, puisqu'elle faisoit la

E ij

prévu le temps où la Lune devoit tomber dans l'ombre, trompa les autres femmes, & leur perſuada qu'elle tiroit la Lune du Ciel.

70. En effet, on n'a jamais vu de femmes avoir des enfans ſans le ſecours d'un homme : mais quelquefois les humeurs, qui ſe corrompent dans leur ſein, y produiſent des maſſes de chair informes, qu'on nomme des moles (a). Il en eſt de même de leur eſprit. S'il ne reçoit jamais le germe des connoiſſances ſolides, s'il n'a aucun commerce avec les ſciences que les hommes cultivent, il produira de lui-même bien des erreurs, bien des opinions & des fantaiſies abſurdes : & c'eſt un

---

forciere, d'avoir remarqué la ſuite des éclipſes pendant une période de dix-neuf ans, pour pouvoir annoncer celles de la période ſuivante.

(a) Les Anciens croyoient que les animaux qu'il leur plaiſoit de nommer imparfaits, à plus forte raiſon, des moles, pouvoient naître de la corruption. Parmi les modernes même, quelques-uns ont penſé que certaines moles pouvoient ſe former ſans aucun commerce avec un homme.

malheur qu'il est important de prévenir.

71. Pour vous, Eurydice, appliquez-vous soigneusement à connoître les pensées des sages & des gens de bien. Faites un usage continuel des lumieres que vous avez reçues de nous dès votre enfance. Elles vous rendront plus agréable à votre époux; & les autres femmes admireront une parure aussi brillante, aussi honorable, qui ne vous aura rien coûté. Si vous étiez jalouse d'avoir les diamans de cette femme opulente, les robes de soie de cette étrangere (*a*), il vous faudroit des sommes immenses, pour acheter ce qui ne pareroit que votre extérieur. Mais les ornemens précieux de Theano, de Cleobuline, de Gorgo, femme de Léonide, de Timoclée,

---

(*a*) La soie étoit excessivement rare en Europe dans ce temps-là. Le peu qu'on en avoit venoit de la Chine, ou au moins de l'extrémité de l'Inde. Il n'y avoit gueres que quelques Persans qui en montroient de temps en temps à la Grece. Ce ne fut que sous l'Empire de Justinien, que deux Moines apporterent à Constantinople de la graine de vers à soie.

sœur de Théagene, de l'ancienne Claudia, de Cornélie, sœur des Scipions, & de toutes les femmes les plus illustres & les plus admirées, vous pouvez les acquérir sans aucune dépense ; vous pouvez vous enrichir de ces parures, qui feront tout à la fois votre gloire & votre félicité.

72. Car si Sapho, qui n'avoit d'autre avantage que le talent de bien faire des vers, a eu assez de confiance en son mérite, pour oser écrire à une autre femme : « Vous, la mort vous détruira toute entiere ; & malgré vos richesses, il ne restera de vous aucun souvenir. Car vous n'avez jamais eu de part aux couronnes de rose, que les Muses distribuent ». Si, dis-je, elle a pu parler ainsi d'elle-même, combien n'aurez-vous pas plus de droit de prendre de vous une idée sublime, vous qui avez reçu des Muses, non pas simplement des fleurs, mais les fruits qu'elles accordent à ceux qui cultivent les sciences & la Philosophie.

Fin du Traité de Plutarque.

Quelques personnes desireroieut peut-être qu'on ajoutât aux conseils de Plutarque d'autres maximes relatives aux mœurs de notre siecle. En attendant qu'on exécute cette idée dans un certain détail, voici ce qu'on peut leur offrir de plus utile.

SUPPLEMENT
TRÈS-IMPORTANT.

Moyens de vivre dans le Mariage.

1°. SE bien convaincre qu'il est absolument nécessaire de partager les peines de cet état comme ses plaisirs; car il n'y a point sur la terre de bonheur sans mêlange.

2°. Avoir beaucoup de complaisance, & en demander peu ; beaucoup d'indulgence (*a*), & n'en pas trop attendre.

(*a*) L'Auteur connoît une vérité certaine, qu'il veut bien révéler aux époux raisonnables : c'est qu'ils ont à peu de chose près, autant de défauts l'un que l'autre.

Il pourroit faire la même confidence à ceux qui sont déraisonnables. Mais pourquoi prendre une peine inutile ? Ceux-ci ne le croiroient pas.

AVIS DU LIBRAIRE.

ON a joint au Traité de Plutarque sur les devoirs des époux, un très-court précis de ce qui s'observoit dans les Mariages des anciens (*a*). Ce second ouvrage a du rapport au premier, & on a cru que plusieurs personnes verroient avec plaisir des usages si différens des nôtres.

(*a*) C'est un morceau détaché d'un plus grand ouvrage, dont un ami du Traducteur s'occupe, & qu'il pourra donner au Public dans quelque temps.

PRÉCIS

De ce qui s'obſervoit dans les Mariages des Grecs & des Romains.

A Rome & dans la plupart des Villes Grecques, ſur-tout à Athènes, on ne regardoit pas comme un mariage légitime, celui qu'un citoyen auroit contracté avec une étrangere (*a*).

Dans la Grece tous les citoyens étoient cenſés égaux, quand il s'agiſſoit de mariage, & on ne diſtinguoit point différentes claſſes, dont l'une dédaignât de s'allier avec l'autre. A Rome, les mariages entre les Patriciens & les Plébéïens avoient été défendus par une loi des Décemvirs:

(*a*) Les Latins en ce point n'étoient pas regardés comme étrangers par les Romains.

le peuple, devenu plus puissant, cassa cette loi injurieuse pour lui.

Les mariages avoient été défendus aussi entre les personnes de condition libre & les affranchis. La loi Papia Poppæa, révoqua cette défense.

La loi qui défendoit aux femmes de condition libre d'épouser des esclaves, fut souvent renouvellée : preuve qu'on la violoit souvent.

Il paroît qu'à Athènes, les mariages étoient permis entre les plus proches, & qu'on pouvoit épouser sa propre sœur. Ils n'étoient prohibés qu'entre les ascendans & les descendans. A Rome, les mariages entre frere & sœur étoient prohibés. Ils étoient permis entre cousins germains. Théodose les prohiba. L'Empereur Claude épousa sa niece contre l'usage. Son exemple fut imité par un Sénateur, qui vouloit faire sa cour à Agrippine.

Je ne vois pas qu'il y eut chez les Anciens, comme il y en a parmi nous, de certains temps dans l'année, où il ne fût pas permis de se marier : mais des préjugés de religion ou d'habitude, faisoient distinguer, en fait de mariage, des jours heureux & d'autres malheureux. Les Athéniens avoient un mois qu'ils nommoient *Gamelion* ou mois du mariage. Ils observoient aussi de se marier par préférence dans le temps des pleines Lunes, qui étoit celui de leurs foires & de leurs assemblées ; soit qu'ils pensassent que la pleine Lune étoit de bon augure, soit qu'ils voulussent que le concours du peuple donnât à leurs nôces plus de célébrité.

Les Romains évitoient de célébrer des mariages, 1°. au mois de Février, dans le temps des sacrifices funebres nommés *Feralia*.

2°. Au mois de Mars, pendant les courses des Saliens, & jusqu'à ce qu'on eût renfermé dans le temple les boucliers sacrés.

3°. Au mois de Mai, pendant la fête des Dieux Manes, nommée *Lemuria*. On croyoit même que l'influence de cette fête rendoit tout le mois dangereux : les mariages faits en ce temps paſſoient pour n'être pas de longue durée ; & on diſoit en proverbe, que c'étoient les méchantes femmes qui ſe marioient au mois de Mai.

Menſe malas Maio nubere vulgus ait. *Ovid.*

4°. Pendant les fêtes de Vulcain, temps où l'on diſoit que le monde étoit ouvert, & que les Dieux infernaux venoient ſur la terre.

5°. Le jour des Kalendes, des Nones & des Ides de chaque mois ; parceque le lendemain de ces jours étoit compté parmi les jours de mauvais augure, qui ne paroiſſoient pas propres pour le ſacrifice du lendemain des nôces. Les Kalendes & les Ides en particulier préſentoient un motif de plus. C'étoient des jours de fête conſacrés, les premiers à Junon, les ſeconds à Jupiter. Or comme on ſe faiſoit ſcrupule de faire violence à quelqu'un les jours de fête, les filles qu'il falloit, ſuivant l'uſage, enlever des bras de leurs meres, ne ſe marioient point ces jours-là. Mais rien n'empêchoit que les veuves ne se mariassent les jours de fête. Il ne falloit point user de violence pour elles.

Le temps regardé comme le plus favorable pour le mariage, chez les Romains, étoit la fin du mois de Juin, à compter depuis le surlendemain des Ides, après toutefois qu'on avoit jetté dans le Tibre les balayeures du temple de Vesta, ce qu'on faisoit ce jour-là en cérémonie.

Lors même qu'on avoit déterminé un jour parmi ceux qui étoient censés heureux, s'il arrivoit quelque grande tempête, ou un de ces tremblemens de terre qui étoient assez fréquens en Italie, le mariage étoit remis à un autre jour.

On pourroit être surpris que dans une République si bien gouvernée, on eût mis tant d'obstacles à la célébration des mariages. Mais ces obstacles ne venoient point des loix. Ils étoient un effet de différentes superstitions établies parmi le peuple, & sur-tout chez les femmes; & le Sénat, qui, dans les affaires d'Etat, tiroit un grand parti des préjugés populaires sur les présages, les laissoit subsister.

Le mariage étoit précédé par les *Sponsalia*, d'où nous avons fait l'ancien mot d'épousailles. Les peres des futurs époux, ou les futurs époux eux-mêmes, s'ils étoient hors du pouvoir paternel, donnoient authentiquement leur parole, [la femme devoit toujours être autorisée par un tuteur]. On convenoit de la dot & des autres conditions. Ces conventions se faisoient ou par écrit, ou de vive voix. Nous en avons des formules dans les Auteurs comiques. *Plaut. Aulul. Sponden' mihi filiam tuam?* —— *illis legibus, cum illâ dote quam dixi.* —— *Sponden' ergo?* —— *Spondeo.* Ce *Spondeo* une fois prononcé, l'affaire étoit conclue. La plupart des contrats se faisoient ainsi, en donnant son consentement devant témoins.

Celui qui recherchoit une fille en mariage, la faluoit du nom *Sperata*. Dans Plaute un amant dit à fa maîtreffe : *Sperata, falve* : Je vous falue, mon efpérée. Lorfqu'elle lui étoit promife, il la nommoit *Pacta*. Après cette promeffe donnée folemnellement, on appelloit les deux amans *Sponfus* & *Sponfa*. Le futur donnoit à la future pour gage de leur union, un anneau de fer fans pierre. La future donnoit quelquefois un baifer pour garant de fa promeffe ; & ce baifer, felon les Jurifconfultes, ajoutoit plus de poids aux engagemens ; c'étoit comme un mariage commencé.

Quand les articles étoient fcellés des cachets des témoins, ou accordés de vive voix, on faifoit des acclamations de bon augure. C'eft à quoi Juvenal fait allufion : *Signatæ tabulæ, dictum feliciter*. Dans les *fponfalia* le pere de la fiancée donnoit un repas.

En Grece on faifoit avant le mariage, une cérémonie nommée *Proteleia*, ou avant-nôce. On conduifoit la future au temple, & on offroit un sacrifice pour l'heureuse union.

Les préparatifs du mariage, les présens & le sacrifice qui le précédoient, s'appelloient d'un nom commun *progamia*.

Les Romains distinguoient trois especes de mariage, on pouvoit le contracter *coemptione, usu, farre*. La derniere espece, celle qu'on appelloit *per confarreationem*, mariage fait par la participation au même pain, étoit la seule où l'on eût recours aux Pontifes, & passoit pour avoir quelque chose de plus sacré. Son nom vient d'un gâteau qu'on partageoit entre les époux devant dix témoins, en prononçant de certaines formules. Ces sortes de mariages étoient devenus très-rares.

Chez les Macédoniens, il y avoit une cérémonie à peu près semblable. Les deux époux mangeoient d'un même pain; & ce pain étoit partagé avec une épée. Apparemment on regardoit cette circonstance comme un présage heureux pour la bravoure des enfans qui devoient naître.

Le

Le mariage *per coemptionem*, par achat, étoit une cérémonie dans laquelle les deux époux paroissoient s'acheter l'un l'autre. On leur donnoit en cette occasion les prénoms de *Caius* & de *Caia*, par la raison, dit-on, que c'étoit celui de la Reine Tanaquil (*a*), dont on espéroit partager le bonheur, en prenant un prénom de si bon augure. Les contractans se demandoient réciproquement : le mari : *Caia*, voulez-vous être ma mere de famille ? la femme : *Caius*, voulez-vous être mon pere de famille ? Tous deux répondoient : je le veux. La femme apportoit trois as, l'un dans sa main; elle le donnoit au mari : le second dans sa chaussure; elle le posoit dans le foyer des Dieux Lares : le troisieme dans une bourse; elle le portoit dans le carrefour voisin. Le mari donnoit aussi une piece de monnoie à sa femme. L'effet de cette espece de mariage, étoit que la femme devenoit le bien du mari. Elle lui appartenoit,

_____

(*a*) Epouse de Tarquin l'ancien.

F

comme les enfans, suivant le droit Romain, appartenoient à leur pere; & elle étoit son héritiere propre. On ne l'appelloit pas simplement *uxor*, mais *mater-familias*.

Le mari avoit-il en conséquence droit de vie & de mort sur sa femme, comme le pere sur ses enfans? C'est une question sur laquelle on n'est pas entierement d'accord. L'histoire nous fournit des exemples de maris qui ont jugé leurs femmes dans un tribunal domestique; mais c'étoit de concert avec les parens de la femme. Il n'est pas douteux que le mari n'eût droit de coercition pour les fautes légeres.

Romulus avoit permis au mari de tuer sa femme surprise en adultere, ou coupable d'avoir bu du vin. Mais les loix postérieures avoient modéré cette disposition quant au premier point, & le changement de mœurs l'avoit abolie quant au second. Seulement la femme qui avoit bu du vin avec excès perdoit sa dot.

Le mariage qui se contractoit *usu*, tiroit son nom de ce que n'étant fait suivant aucune des deux formes précédentes, il n'étoit fondé que sur la possession acquise, du consentement des parens & des tuteurs; & la femme n'avoit les droits matrimoniaux, qu'après un an entier d'habitation avec son mari. Dans cette espece de mariage, on enlevoit par une violence simulée la nouvelle épouse des bras de sa mere, ou de sa plus proche parente, pour imiter l'enlevement des Sabines, qui avoit si bien réussi aux soldats de Romulus.

Ces enlevemens simulés étoient aussi usités à Lacédémone. On y ajoutoit, dit-on, une cérémonie singuliere, avant de mettre au lit la nouvelle mariée, on lui coupoit les cheveux, & on l'habilloit en homme.

Dans les premiers temps de Rome, on ne contractoit de mariage qu'après avoir pris les auspices. La vue de deux Corneilles passoit pour un augure très-heureux, parce qu'on prétendoit que ces oiseaux, une fois unis, ne changent jamais dans tout le cours de leur longue vie. Cet usage religieux s'abolit : mais il en resta au moins des vestiges, dans le nom d'auspices qu'on donnoit à deux des principaux assistans.

La chevelure de la nouvelle épouse étoit partagée en six boucles, soit pour s'en tenir à l'usage des premiers temps, où cette sorte de coëffure avoit été à la mode, comme elle l'étoit encore chez les vierges Vestales; soit pour faire entendre que l'épouse avoit effectivement la chasteté des Vestales. De plus l'époux lui passoit sur le sommet de la tête un fer de lance recourbé, qu'on appelloit *hasta celibaris*. On choisissoit pour cela une lance qui eut été plongée dans le corps d'un gladiateur. Quelques personnes faisant attention à cette derniere circonstance, prétendent que c'étoit un symbole destiné à montrer que la femme devoit être unie avec son mari, comme le fer l'avoit été avec le corps du gladiateur : idée tout au moins fort singuliere. Selon d'autres Commentateurs, le fer d'une lance passé sur la tête de l'épouse, signifioit que la femme devoit être soumise à son mari, ou qu'elle devoit prendre une ame courageuse, en s'unissant à un guerrier; ou du moins qu'elle produiroit des enfans courageux. De toutes ces explications, celle qui regarde la soumission de la femme me paroît seule avoir quelque vraisemblance. Il se peut faire qu'originairement le mari touchât de sa lance la tête de sa femme, comme pour en prendre possession. Mais peut-être vouloit-il plutôt l'assurer par-là, qu'il seroit toujours prêt à combattre pour elle. S'il faut une explication morale, imaginons qu'en se servant d'un fer de lance pour séparer ses cheveux, on vouloit l'accoutumer à ne point mettre trop de soin à sa coëffure. Peut-être aussi que la lance étant un des ornemens de la Déesse qui présidoit aux Mariages, cela aura donné l'idée de l'employer dans cette cérémonie. Enfin la circonstance du gladiateur n'a peut-être été requise, que pour avoir une lance victorieuse, & par conséquent de bon augure.

Les époux étoient tous deux couronnés, soit de fleurs, soit de rameaux de différens arbres, soit de feuilles de divers légumes. On voit dans les monumens des couronnes de lierre, d'autres qui ressemblent au laurier, au myrthe. Sextus Pompéius dit que l'épouse portoit sous son voile une couronne composée de verveines, qu'elle avoit cueillies elle-même.

L'épouse étoit vêtue de la tunique qu'on appelloit droite, dans le goût de celle qu'avoit tissue autrefois la fameuse Caia Cæcilia Tanaquil, dont le mariage avoit été si heureux. Autour de cette tunique, étoit attachée une ceinture faite de laine de brebis.

Un des ornemens essentiels de la nouvelle épouse, étoit le voile nuptial. C'est même de-là que vient l'expression latine *nubere*, se marier : expression qui ne peut s'employer que pour la femme, parcequ'il n'y a qu'elle qui mette le voile (*a*). La couleur de ce voile n'étoit pas indifférente, non plus que celle de la chaussure. L'un & l'autre devoit être d'un jaune de safran, couleur qui avoit été autrefois la plus estimée à Rome, avant qu'on y connût la pourpre. Le voile nuptial se nommoit *flammeum*. Ce n'est pas, comme on vient de voir, qu'il fut couleur de feu. *Flammeum* est employé par contraction pour *flamineum* (*b*), parce que le voile de la nouvelle épouse étoit à l'imitation de celui que portoit la *Flaminique*, c'est-à-dire, l'épouse du Flamen de Jupiter, le seul des

---

(*a*) La femme qui se marie *nubit viro*, se voile pour tel homme. L'homme qui se marie *ducit uxorem*, mene chez lui telle femme. On trouve dans Martial : *Uxori nubere nolo meæ* ; ce qui seroit ridicule, si on pouvoit traduire : *Je ne veux pas épouser ma femme*. Le sens est : *Je ne prétens pas que ce soit moi qui porte le voile ; que ma femme prenne l'empire chez moi*.

(*b*) On peut objecter contre cette étymologie les deux *mm* de *flammeum*. Mais il faut faire attention que les lettres qui se contractent dans *flamineum*, ont bien la valeur d'une *m*.

Romains dont le mariage fut indiſſoluble. Le voile de la *flaminique* étoit donc de bon augure pour la perpétuité des mariages.

L'épouſe ainſi préparée, on attendoit la fin du jour annoncée par le lever de l'étoile Heſpérus (*a*), qu'on appelle communément l'étoile du Berger. Cet Heſpérus étoit un des Dieux du mariage, & même des plus importans, puiſque c'étoit lui qui livroit l'épouſe à ſon époux. On lui adreſſoit des prieres, des hymnes. Nous avons dans Catulle une piece charmante, faite pour être chantée par deux chœurs de jeunes hommes & de jeunes filles, au moment où la nouvelle épouſe alloit ſortir de chez ſes parens. Elle eſt compoſée : 1° d'un prologue, dans lequel chacun des deux chœurs s'excite à mériter les ſuffrages des auditeurs : 2° du chant même : les

---

(*a*) Il y a des temps où Heſpérus ne paroît point le ſoir. Alors on le ſuppoſoit, & on ne laiſſoit pas de l'invoquer.

jeunes filles s'y plaignent d'Hespérus, & les jeunes hommes y célébrent ses louanges : 3° d'un épilogue adressé à la nouvelle épouse. Le prologue paroît long en comparaison du reste ; mais je soupçonne qu'il manque une partie considérable du corps de l'ouvrage.

Je vais essayer de le traduire, pour faire connoître ces sortes de Poëmes.

CHANT NUPTIAL
AU LEVER D'HESPERUS.
Soixantieme Piece de Catulle.

PROLOGUE.

CHŒUR DES JEUNES HOMMES.

HESPÉRUS se montre : jeunes hommes, hâtez-vous. Hespérus éleve enfin dans le ciel ses feux long-temps attendus : hâtez-vous ; il est temps de quitter les délices de la table. L'épouse va bientôt paroître : bientôt on chantera l'hymenée.

Hymen, ô Hymenée ! viens Hymen, ô Hymenée !

CHŒUR DES JEUNES FILLES.

Compagnes, voyez-vous ces jeunes hommes ? Levez-vous ; ne leur cédez pas. Sans doute l'étoile du soir a déja montré son éclat du sommet du mont Oeta. Elle brille en effet : voyez avec quelle ardeur ils sont entrés dans la carriere. Cette confiance n'est pas sans motif. Ils chanteront des airs capables d'obtenir la victoire.

Hymen, ô Hymenée ! viens Hymen, ô Hymenée !

LES JEUNES HOMMES.

Compagnons, la victoire ne sera pas facile à remporter. Voyez avec quel soin ces jeunes filles se préparent. Leur application présage leurs succès. Elles auront des chants dignes de faire une impression durable. Cependant nous nous sommes livrés à la dissipation. Ah ! nous mériterions de succomber. La victoire demande une attention sérieuse. Recueillez - vous donc. Bientôt elles commenceront à chanter, bientôt il faudra leur répondre.

Hymen, &c.

CHANT.

Les jeunes filles.

Hespérus, est-il dans le ciel un astre plus cruel que toi ? Quoi ! tu peux arracher une fille des bras de sa mere ? Arracher une fille des bras d'une mere qu'elle serre en pleurant ! Livrer une vierge chaste aux emportemens d'un jeune homme ! Que feroient de pis des ennemis vainqueurs dans une ville prise d'assaut ?

Hymen, &c.

Les jeunes hommes.

Hesperus, est-il dans le ciel un astre plus charmant que toi ? Ce sont tes feux qui accomplissent un hymen projetté. Les parens jurent l'alliance, les époux se donnent mutuellement leur foi ; mais ils ne peuvent s'unir que lorsque tes rayons paroissent. Dieux tout puissans, ces heures fortunées sont le plus beau de vos présens·

Hymen, &c.

LES JEUNES FILLES.

Hespérus nous a ravi une de nos compagnes...........

Nota. Le reste de ce couplet est perdu, & peut-être plusieurs autres de suite. A juger par ce qui subsiste, les jeunes filles, dans le dernier des couplets perdus, reprochoient à Hespérus qu'il favorisoit les voleurs, & qu'il étoit complice de leurs crimes.

LES JEUNES HOMMES.

On a perdu aussi le commencement de ce couplet.

- - - - - - - Car à ton arrivée les Gardes commencent leurs rondes. C'est sous les voiles de la nuit que les voleurs trouvent un asyle. Souvent au contraire Hespérus, reparoissant sous un autre nom (*a*), les découvre & les saisit. Cependant il plaît

---

(*a*) Hesperus & Lucifer, sont le même astre. Il a le premier de ces noms quand il paroît le soir, & le second quand il paroît le matin.

aux jeunes filles de chercher contre toi des reproches affectés. Qu'importe, si leur cœur invoque en secret le Dieu que leur bouche décrie ?

Hymen, &c.

LES JEUNES FILLES.

Une tendre fleur s'eleve dans le fond d'un jardin bien fermé. La dent des troupeaux n'en approcha jamais; jamais le soc n'effleura ses racines. Les zéphirs la caressent, les douces pluies la nourrissent, le soleil anime ses couleurs. En cet état, combien de jeunes hommes, combien de jeunes filles la desirent ! Mais cette même fleur, dès que l'ongle tranchant l'a flétrie, il n'est plus ni jeune homme, ni jeune fille qui ne la dédaigne. Ainsi une belle, tant qu'elle conserve sa virginité, est chérie de tout le monde : mais dès qu'elle a perdu cette fleur heureuse qui faisoit tout son prix, elle n'est plus ni aimée de son sexe, ni recherchée de l'autre.

Hymen, &c.

Une vigne qui naît solitaire dans un champ découvert (*a*) ne pourra jamais s'élever; jamais elle ne produira de fruits agréables. Son tronc foible s'affaisse sous son propre poids, & le sommet de ses rameaux rampe tristement auprès de ses racines. En cet état aucun laboureur n'en prend soin, aucuns bœufs ne la cultivent. Mais si on la marie avec l'ormeau, alors les laboureurs, alors les bœufs actifs s'empressent de la faire prospérer. Ainsi celle qui reste vierge, vieillit stérile & négligée; mais lorsque dans le temps convenable elle a trouvé un parti digne d'elle,

___

(*a*) En Italie où le climat est extrêmement chaud, on plantoit dans les vignobles des rangs d'ormeaux, sur lesquels on faisoit monter la vigne, le fruit en étoit plus abondant & il en mûrissoit pas moins. Dans les pays froids, on supplée aux ormeaux par les échalas, qui soutiennent la vigne & ne font aucune ombre.

Remarquez aussi qu'en Italie, on faisoit passer la charue entre les rangs des vignes.

elle s'assure l'amour d'un époux, & cesse d'être à charge à son pere.

Hymen, &c.

EPILOGUE.

Vous, jeune épouse, gardez-vous de résister aux desirs d'un tel époux. Vous est-il permis de lutter contre celui à qui votre pere vous a donnée, de concert avec votre mere? votre pere & votre mere, à qui vous devez toute soumission! Votre virginité n'est pas totalement à vous : vos parens ont aussi des droits sur elle : le tiers en appartient à votre pere, le tiers à votre mere : vous n'avez à vous qu'un seul tiers. Ne prétendez pas l'emporter seule sur vos deux parens, qui en livrant la dot à leur gendre, lui ont aussi cédé tous leurs droits sur vous.

Hymen ô Hyménée! viens Hymen ô Hyménée.

Le même Auteur nous a laissé un Epithalame fait pour les noces de Manlius Torquatus & de Junia Aurunculeia. Cet ouvrage a aussi ses beautés : il est précieux, sur-tout pour la connoissance des cérémonies nuptiales qui y sont indiquées. On voit par ces deux pieces, que dès que le jour tomboit, on commençoit à chanter l'Epithalame à la porte de l'épouse, pour l'inviter à se mettre en marche vers la maison de l'époux.

On choisissoit trois jeunes garçons encore en robe prétexte, dont l'un portoit devant elle un flambeau ou torche d'aubepine, les deux autres la conduisoient en tenant chacun un de ses bras. On avoit soin que ces trois enfans fussent ce qu'on appelloit *patrimi & matrimi*, c'est-à-dire, qu'ils eussent encore leur pere & leur mere vivans.

Les pronubes (c'étoient des dames qui présidoient à la cérémonie) marchoient derriere la nouvelle épouse, la soutenoient, l'encourageoient. Elles étoient couronnées de fleurs ou de rameaux. On choisissoit pour cet emploi des femmes d'une vertu reconnue, qui n'eussent été mariées qu'une fois, qui euffent vécu longtemps dans le mariage fans divorce & fans querelles, & dont les maris fuffent encore vivans.

On portoit derriere la mariée une quenouille garnie de laine, & un fufeau, autour duquel étoit de la laine déja filée. Toutes les femmes Romaines fe faifoient gloire de filer, & non pas par défœuvrement & par contenance. Elles regardoient comme un devoir de faire elles-mêmes les étoffes néceffaires pour habiller leur mari & leurs enfans. La Reine Tanaquil, dont nous avons déja parlé, avoit, entre autres perfections, celle d'être la meilleure fileufe de fon Royaume. On lui avoit érigé dans le temple de Semo-Sancus une ftatue qui avoit une quenouille à la main & des fandales aux pieds. Ces fandales, chauffure qu'on ne portoit que dans l'intérieur de la maifon, marquoient combien la Reine étoit fédentaire & appliquée au travail. Du temps de Varron, qui l'attefte, on voyoit encore fa quenouille dans le temple. Sans aller chercher des siecles si reculés, on sait qu'Auguste ne portoit que des habits filés par sa femme ou par ses filles. Il étoit maître de presque tout l'univers alors connu.

Selon Plutarque, il y avoit dans les pompes nuptiales des Romains cinq flambeaux de cire : il en rapporte différentes raisons. Quelques Auteurs parlent d'un plus grand nombre de flambeaux : peut-être que les flambeaux de cire étoient les seuls dont le nombre fût fixe. Il paroît que chez les Grecs la mere de l'épouse portoit elle-même deux flambeaux devant sa fille.

A Rome un jeune enfant, qu'on nommoit le Camille ou le Casmille, portoit un vase couvert appellé *cumerum*, où étoient diverses choses à l'usage de la mariée. *Camillus* est un vieux mot qui avoit à-peu-près la signification de page. On donnoit ce nom à de jeunes enfans, qui servoient dans les sacrifices, & qui présentoient l'encens, &c.

On dit qu'en Grece, un enfant qui traînoit derriere lui des glands & des épines, & qui portoit une corbeille remplie de pains, marchoit devant la mariée, en chantant un demi-vers grec, formule ufitée dans les myfteres de Cerès, & dont le fens eft: *J'ai fui le mauvais ; j'ai trouvé le meilleur.* Etoit-ce fimplement pour rappeller l'heureufe invention de l'agriculculture, ou pour fignifier que le mariage eft autant préférable au célibat, que le pain l'eft aux glands & aux fruits des buiffons épineux, qui faifoient la nourriture des hommes fauvages ?

Je ne vois point qu'à Rome ce fût l'ufage de conduire l'époufe en voiture. Si on le faifoit lorfque la diftance étoit fort grande, apparemment les trois enfans & les dames qu'on nommoit pronubes, montoient avec elle; mais en Grece, dans les mariages des gens aifés, l'époufe étoit fur un char, entre fon époux & celui qui préfidoit à toute la cérémonie, & qu'on appelloit le *Parochos*, c'eft-à-dire le compagnon de voiture, ou le Paranymphe, c'eſt-à-dire celui qui eſt auprès de la mariée ; c'étoit le plus proche parent, ou le meilleur ami, ou l'homme le plus diſtingué, qui rempliſſoit cette fonction. Elle répondoit à-peu-près à celle des auſpices des mariages chez les Romains. Les femmes qui n'avoient pas de quoi ſe faire conduire dans un char, on les appelloit par dériſion *chamæpodes*, c'eſt-à-dire pieds à terre.

En Béotie on brûloit à la porte du mari l'eſſieu du char qui avoit conduit la mariée. On annonçoit par-là qu'elle étoit entrée dans cette maiſon pour n'en plus ſortir.

Il y avoit dans la pompe nuptiale des joueurs de flute & des chanteurs, qui faiſoient retentir tous les environs de leurs accords & des chants d'Hymen, Hymenée, auxquels on joignoit à Rome ceux de Thalaſſio, Thalaſſio.

L'épouſe arrivoit devant la maiſon. Elle en trouvoit la façade ornée de fleurs, de feuillages pendans en feſtons, & d'étoffes précieuses, selon l'état des personnes. Le mari, qui attendoit sa prétendue sur le seuil de la porte, l'invitoit à entrer. Il lui demandoit: qui êtes-vous? elle répondoit, *je suis Caia*. C'étoit, suivant quelques Auteurs, promettre toutes les vertus de la Reine qui avoit porté ce prénom. La mariée ajoutoit cette formule, qu'on peut expliquer à son gré : *ubi tu Caius, ego Caia* : là où vous Caius, moi Caia.

Elle attachoit aux deux jambages ou poteaux de la porte, des bandelettes de laine blanche. En même temps elle frottoit les poteaux avec de la graisse de loup, pour detourner l'effet des enchantemens: c'est cette onction qui faisoit donner aux femmes mariées le nom d'*uxor*, tiré de *ungere* oindre.

Après cette cérémonie, les pronubes soulevoient l'épouse, & avoient grand soin de lui faire passer le seuil de la porte, sans que ses pieds y touchassent. Lucain fait entendre que la premiere des pronubes étoit couronnée de tours comme Cybele.

Turritâque premens frontem matrona coronâ,
Tranflatâ vetuit contingere limina plantâ.

Les uns prétendent qu'on foulevoit ainfi l'époufe en mémoire de l'enlevement des Sabines; mais cette ancienne hiftoire auroit été mieux repréfentée, fi c'eût été le mari qui eût enlevé fa femme. D'autres difent que c'étoit pour ménager la modeftie de la nouvelle époufe, & afin qu'elle ne parût pas entrer d'elle-même chez un homme. Ç'auroit été renouveller une Comédie déja jouée chez la mere. Si l'on en croit certains Commentateurs, c'étoit pour faire entendre à la femme que comme elle n'étoit pas entrée d'elle-même chez fon mari, elle ne feroit pas la maîtreffe de le quitter : explication qui me paroît tirée de bien loin. Quelques-uns conjecturent que l'époufe entrant dans cette maifon pour y perdre fa virginité, ne devoit pas toucher le feuil qui étoit confacré à Vefta, Déeffe vierge ; mais on verra qu'on lui préfentoit le feu, qui appartenoit encore mieux à Vesta. De plus, quand elle avoit effectivement perdu cette virginité, elle marchoit sur le seuil sans scrupule. Ne cherchons pas des motifs si mystérieux. On sait que les Romains regardoient comme un très-mauvais augure, de se heurter le pied en entrant pour la premiere fois en quelque endroit, où en commençant quelque entreprise; & les seuils de leurs portes étoient des pierres ou des pieces de bois assez hautes, pour qu'on dût craindre de s'y heurter dans une circonstance si importante.

Lorsque l'épouse étoit entrée, elle recevoit les clefs de la maison, symbole de son autorité & de la confiance du mari. On la faisoit asseoir sur une peau de mouton garnie de sa laine, afin, dit-on, de la faire souvenir que la laine devoit être sa principale occupation : mais peut-être simplement, parceque dans les premiers temps on avoit couvert ainsi les sieges dans les jours de cérémonie. En effet les héros d'Homere, lorsqu'ils reçoivent quelqu'hôte, étendent des peaux sur les sieges. Ensuite on lui présentoit un vase plein d'eau, & un tison ardent de quelque bois réputé de bon augure : elle touchoit l'un & l'autre. L'eau & le feu sont deux des choses les plus nécessaires à la vie. Selon quelques-uns, on faisoit aspersion sur elle; c'étoit une cérémonie religieuse, qui avoit la vertu d'expier, de purifier.

Quelques Auteurs parlent d'un joug imposé sur le col des deux époux; mais ils n'en parlent pas assez positivement, pour nous faire penser que leurs expressions soient quelque chose de plus que des allégories.

Dans le sacrifice qu'on offroit aux Divinités nuptiales, la victime étoit une truie; peut-être parceque cet animal est des plus féconds.

A toutes ces cérémonies succédoit le repas des noces. Il y avoit à ce repas des joueurs de flute, comme dans les sacrifices.

Soit avant, soit après le repas, la nouvelle

velle épouse faisoit couper les cheveux des jeunes esclaves.

Le mari jettoit des noix ou des noisettes aux enfans. On donne diverses raisons de cet usage. S'il faut y supposer du mystere, l'explication la plus vraisemblable est que le mariage étant un état sérieux, l'époux, prêt à devenir pere de famille, renonçoit aux jeux, aux amusemens de l'enfance. Mais peut-être qu'on jettoit alors des noix aux enfans, comme aujourd'hui on leur jette des dragées dans quelques occasions, seulement pour leur faire un présent conforme à leur goût.

C'est peut-être par la même raison, qu'à Athenes, lorsque l'époux entroit chez son beau-pere, pour aller prendre son épouse, il s'avançoit vis-à-vis le foyer, & là se faisoit verser sur la tête un mélange de pieces de monnoie, de dates, de figues séches, de noix & d'autres fruits, que les valets ramassoient aussi-tôt. Cette effusion s'appelloit *catachysme*. Des savans y trouvent un augure d'abondance & de fécon-

H

dité; je le veux bien : mais comme on faisoit la même cérémonie sur la tête des nouveaux esclaves, à leur entrée dans la maison, il y a plus d'apparence que c'étoit une maniere de payer aux gens du logis son entrée, sa bienvenue.

On dressoit le lit nuptial; on y invoquoit le génie du mari. On lavoit les pieds de la mariée, avec une eau (a) puisée dans une source pure, par un de ces enfans choisis qui avoient conduit l'épouse; & on prenoit pour cela, celui dont le nom paroissoit de meilleur augure.

Les Pronubes deshabilloient la mariée à l'exception de la tunique & de la ceinture, & la mettoient dans le lit. Le mari entroit & détachoit cette ceinture. On remarque qu'elle étoit nouée d'un nœud particulier à Hercule, & que c'étoit pour présager une heureuse fécondité; Hercule ayant eu 70 enfans & même plus.

Quelqu'un des assistans saisissoit le flam

─────────────

(a) *Nota.* A Athènes, on puisoit cette dans la fontaine *Enneacrène,* ou *des neufs*

beau nuptial des mains de l'enfant qui le portoit, & il s'enfuyoit avec sa proye. Selon Servius, on l'enlevoit ainsi, parceque ce flambeau étoit, pour celui qui le ravissoit, le gage d'une longue vie. Festus allegue une autre superstition : c'est qu'il auroit été dangereux de le laisser dans la chambre nuptiale. Car si la femme l'eût mis, quoiqu'éteint, sous le lit de son mari, elle auroit causé au mari une mort prochaine. De même le mari auroit fait périr sa femme, s'il eût fait brûler ce flambeau sur quelque sépulchre.

Les jeunes filles qui avoient assisté aux cérémonies nuptiales, fermoient les portes & se retiroient. Les hommes qui restoient dans les appartemens voisins, chantoient alors les vers Fescennins, espece de poësie très-licentieuse, & répétoient en refrein, les chants de Thalassio, Thalassio.

Le lendemain des noces l'épouse faisoit un sacrifice dans la maison de son mari. C'étoit le premier acte de son administration.

Il y avoit ce jour là un grand festin, qu'on appelloit *repotia*, du mot *repotare* boire de nouveau. Chez les Grecs la veille des noces se nommoit *proaulia*, & le lendemain *epaulia*.

Il y eut des temps où il fut d'usage dans les noces, de distribuer aux convives des pieces de monnoie ou des médailles; quelques uns même faisoient frapper pour cela des médailles exprès, où étoient les figures des deux époux.

Les parens & les alliés faisoient des présens à la nouvelle mariée, la veille, le jour, & le lendemain des noces. Ces présens prenoient le nom des jours où on les faisoit.

Dans la Grece, on offroit encore des présens à la nouvelle mariée, au moment où elle ôtoit son voile; c'étoit une grace qu'elle étoit censée faire, & on la lui payoit : l'époux lui-même devoit acheter cette faveur. Ces présens se nommoient *anacalypteria* le dévoilement, *opteria* la vue. On conte une plaisanterie d'Antipater. Il avoit épousé une femme fort laide. Lorsqu'il fallut faire le présent du dévoilement, *ah!* dit-il, *je payerois plus volontiers pour le revoilement.*

Le lendemain des noces le mari devoit un autre présent nommé *diaparthenia*, prix de la virginité. Ceux que l'amant faisoit à la future pendant la recherche se nommoient *mnesteria*. Celui qu'il faisoit à son beau-pere, (car le premier usage avoit été presque par-tout, d'acheter les filles de leurs parens) se nommoit *gambria*.

Une veuve ne devoit passer régulierement à des secondes noces, que dix mois après la mort de son mari. Si elle prévenoit ce temps, il falloit qu'elle sacrifiât en expiation une vache pleine. Il y avoit eu des temps à Rome, où une loi précise obligeoit les femmes veuves de se remarier après un certain temps écoulé. On ne vouloit pas qu'un terrein fertile restât inculte.

On y voyoit de mauvais œil les hommes qui gardoient le célibat. On fit des loix contre eux. Ils ne pouvoient recevoir de legs que de leurs plus proches parens. Au contraire les gens mariés, s'ils étoient peres de plusieurs enfans, jouissoient de certains privileges, & étoient dispensés de différentes charges.

Ces loix qui auroient été inutiles & sans objet dans les premiers temps de la République, où les mœurs étoient réglées & le luxe inconnu, furent insuffisantes lorsqu'elles devinrent nécessaires. En vain le gouvernement exemptoit des charges publiques, ceux qui avoient un certain nombre d'enfans; la charge d'une femme & d'une nombreuse famille, dans un pays de luxe, paroissoit encore plus pesante, que celles dont on pouvoit être dispensé par ce moyen. En vain la loi privoit les célibataires d'une partie des legs qui pouvoient leur être donnés; les nombreux hérédipetes, qui faisoient leur cour aux vieux célibataires, & qui les combloient de présens, pour obtenir une place sur leurs testamens, les en dédommageoit assez. Ajoutez l'abus des dispenses. Les gens riches, qui ne se marioient point, ou dont les mariages étoient stériles, obtenoient aisément de l'Empereur d'être réputés peres de trois enfans. Cette fiction qui pouvoit équivaloir à la réalité, dans les tribunaux, ne donnoit pas beaucoup de citoyens à l'empire.

Les loix de Lacédémone étoient encore plus séveres que celles de Rome contre le célibat. Ceux qui passoient l'âge fixé sans se marier, n'étoient plus admis aux spectacles, & on les obligeoit, dans un jour d'hiver, de faire nuds le tour de la place publique, en chantant des couplets faits contre les célibataires. Les jeunes Spartiates, qui étoient élevés dans un si grand respect pour les vieillards, pouvoient en manquer impunément à l'égard de ceux qui ne s'étoient point mariés. Un grand Capitaine nommé Dercyllidas, passoit devant un jeune homme, qui refusa de se lever pour lui faire place. *Pourquoi vous céderois-je ?* dit ce jeune homme : *vous n'avez point élevé de fils qui puisse me rendre un jour le même honneur.* Sa conduite fut applaudie.

On punissoit également, dans cette Ville, le mauvais mari & celui qui tardoit trop à se marier. Le crime du premier s'appelloit la *cacogamie*, celui du second l'*opsogamie*.

Le divorce étoit permis chez les anciens. Voici la maniere dont on le déclaroit à Rome. Le mari se faisoit rendre par sa femme les clefs de la maison, lui disoit de reprendre son bien, *res tuas tibi habe*, & la poussoit avec la main comme pour la chasser. Alors le mariage étoit absolument rompu, & chacun des époux étoit libre d'en contracter un nouveau. Mais quoique les loix Romaines permissent le divorce, il se passa plus de cinq siecles sans qu'on en eût vu un seul exemple.

FIN.

www.ingramcontent.com/pod-product-compliance
Lightning Source LLC
Chambersburg PA
CBHW070304100426
42743CB00011B/2347